Claudia Staffe

Mein zweites, mir geschenktes Leben

Bibliografische Information der Deutschen Nationalbibliothek: Die Deutsche Nationalbibliothek verzeichnet diese Publikation in der Deutschen Nationalbibliografie; detaillierte bibliografische Daten sind im Internet über dnb.dnb.de abrufbar.

© 2018 Claudia Staffe
Herstellung und Verlag: BoD - Books on Demand, Norderstedt
ISBN: 9783751959308

Umschlaggestaltung: Cornelia Riechert

Vorwort

Diese Biographie widme ich allen Menschen,
die ein ähnliches Schicksal erleiden mussten. Es ist
schwer, damit fertig zu werden, wo viele Faktoren eine
große Rolle spielen, die in Kauf genommen werden
müssen.
In so einer Situation Mut zu fassen und nach einem
Strohhalm zu greifen, der es ermöglicht, Ziele zu
erreichen. Vor allem, die Möglichkeit zu ergreifen,
wieder so zu werden, wie es vor einem schrecklichen
Geschehen war.
Das Leben völlig neu entdecken und gestalten!
Welchen Weg Sie einschlagen können, sich Ziele setzen
und kämpfen, möchte ich in dieser Biographie erläutern.
Ich wünsche viel Spaß beim Lesen.

Die Namen habe ich geändert, um die Identität zu
schützen. Ich bitte dafür um ihr Verständnis und wünsch
ihnen viel Spaß beim Lesen.

Ihre Claudia Staffe

Kapitel 1

1967 wurde kein Friedensnobelpreis vergeben; allerdings der Nobelpreis für Literatur.

In dieser Zeit habe ich das Licht der Welt erblickt. Die ersten 15 Jahre meines Lebens verliefen wie eine ganz normale Kindheit. Die Welt erkunden, spielen und lernen mit liebenden Eltern, die sich stets um ihre Tochter bemühten und auch sorgten. Also ein ganz normales Leben, wie wir alle es kennen. Doch das sollte sich ändern.

Als ich 15 Jahre alt war besuchte ich die 10. Klasse einer Gesamtschule in Garbsen.

Zweimal in der Woche hatte ich zehn Stunden Unterricht, einmal acht Stunden und zweimal sechs Stunden. Es war zwar anstrengend, aber schön. Mein Hobby war Tanzen. Zuerst besuchte ich einen Volkstanz-Kurs.

Dieser war total langweilig. War überhaupt nicht meins. Mit acht Jahren fing ich dann an regelmäßig zur Tanzschule nach Hannover zu fahren. Latein-Amerikanisch habe ich gelernt und ich konnte sehr gut tanzen. Bronze, Silber, Gold und Goldstar hatte ich erreicht.

Meine Tanzlehrerin sagte, wenn ich so weiter machen würde, könnte ich damit sehr viel Geld verdienen. Zusätzlich machte ich noch zwei Rock`n´Roll Kurse, die sehr viel Spaß machten.

Als ich die Gesamtschule besuchte, war ich immer noch in dieser Tanzschule.

Auf der Gesamtschule habe ich mich sehr wohl gefühlt. In den Freistunden bin ich mit meiner besten Freundin Angela stets zu Karstadt gegangen, oder wir haben in der Mensa zu Mittag gegessen.

Im Sommer waren wir viel draußen, denn dort konnten wir auch Tennis spielen. Gegenüber der Schule war eine freie Fläche, wo wir uns bei schönem Wetter auf eine Bank setzten konnten.

Eines Morgens kam ich mit Fahrrad zur Schule und sah von weitem, dass sich dort etwas verändert hatte. Es standen dort mehrere Firmenwagen, und ein paar Männer liefen umher. Gut. Ich habe mir nichts dabei gedacht und bin zum Unterricht in die Schule gegangen.

Angela erzählte mir dann, dass dort ein Polizeigebäude gebaut wird. Ist ja aufregend, dachte ich mir.

Wir waren natürlich neugierig und haben uns in der großen Pause oder in der Freistunde in der Nähe der Firmenwagen aufgehalten.

An einem wirklich schönen Tag gingen wir auch wieder rüber und hatten sogar unsere Pausenbrote dabei. Plötzlich schlug das Wetter um. Es fing an zu regnen. Natürlich hatten wir keine Regenschirme dabei. Somit waren wir dem Regen hilflos ausgesetzt. Das sahen auch die Betonarbeiter. Sie saßen in einem Firmenwagen und machten gerade ihre gewerkschaftliche Pause. Die eine Tür des Wagens ging auf und ein der Männer rief: „Kommt doch zu uns rein, dann werdet ihr nicht so nass." Wir sahen uns an und überlegten kurz. Dann liefen wir schnell hin, da der Regen mittlerweile stärker wurde. In dem Firmenwagen saßen drei Männer. Einer von ihnen hieß Jens. Wir haben uns sehr gut unterhalten, da wir uns von Anfang an gut verstanden haben. So wiederholten wir unsere Besuche bei den Dreien in den folgenden Tagen. Leider waren die Treffen immer recht kurz, da deren Mittagspause nach einer halben Stunde endete und sie wieder arbeiten mussten. Wir fanden die Treffen aufregend und spannend.

Ich überlegte mir schon abends im Bett, was ich am nächsten Morgen anziehe werde, da ich für Jens gut aussehen wollte. Ja, er gefiel mir sehr.

In der Woche plante ich immer mit Angela das kommende Wochenende. Wir machten oft mit anderen Freunden eine Fete oder fuhren nach Hannover in die Disco.

An einem Donnerstag, an dem wir eigentlich acht Stunden haben sollten, hatten wir schon nach der sechsten Stunde Schluss.

Wir freuten uns darüber und waren schnurstracks auf dem Weg zur Bushaltestelle an der Schule.

Der Bus hatte Verspätung, und ich sah rüber zur Baustelle. Da stand Jens.

Ok, dachte ich, jetzt gehe ich einfach rüber zu ihm und wenn ich den Bus verpassen sollte, warte ich eben auf den nächsten.

„Hallo Jens!", sagte ich. Meine Aufregung sah er mir bestimmt an.

Er sah mich mit großen Augen an und fragte mich, ob ich jetzt aus habe.

„Ja", antwortete ich, „aber ich muss auf den Bus warten."

Ok, meinte er zu mir, er wolle mich sowieso etwas fragen. Und dann fragte er mich, ob ich morgen schon etwas vorhabe.

Oje, jetzt war es passiert. Meine Nervosität stieg. Mir wurde ganz heiß. Ich glaube, ich bin sogar richtig rot geworden. Hoffentlich merkte er nichts.

Mit Angela wollte ich normalerweise in die Disco. Doch das war jetzt egal.

„Nichts Konkretes", sagte ich. „Schön", meinte Jens zur mir, „was hältst du davon, wenn wir uns morgen Mittag hier treffen, denn freitags haben wir schon um 14.00 Uhr Feierabend und ich habe beobachtet, dass du freitags nach der 6. Stunde Schluss hast. Also so gegen 13.15 Uhr.

Wenn du dann einen Moment auf mich warten würdest?"

Puh, mir zitterten die Knie, doch ich versuchte nach außen hin ruhig zu wirken.

Gerne, sagte ich. Dann bis morgen.

Tja, ich ging wieder zur Bushaltestelle, aber der letzte Bus war weg, also nahm ich den nächsten.

Zuhause merkte meine Mutter, wie aufgeregt ich war, aber ich erzählte ihr noch nichts.

Ich legte abends meine neue Jeans auf meinen Sessel, dazu eine schöne Bluse.

11

Es dauerte bis ich einschlief, da ich ständig an das Treffen mit Jens dachte.

Morgens klingelte der Wecker. Ich sprang auf, ging ins Bad duschen, zog mich schnell an und lief zur Bushaltestelle. Frühstücken konnte ich nicht, denn ich war ziemlich aufgeregt, aber ich hatte ja zwei Scheiben Brot bei mir.
Mit Tom aus meiner Klasse war ich zusammen. Er war nett und humorvoll, aber es war ein ganz anderes Gefühl, als ich bei Jens hatte.
Es kam mir wie eine Ewigkeit vor, bis die 6. Stunde endlich vorbei war.
Also ging ich zur Baustelle und wartete, bis Jens Feierabend hatte.
Jens kam auf mich zu und sagte:" Schau mal, ich habe einen zweiten Motorradhelm mit gebracht, hoffentlich passt er dir. Wenn es dir recht ist, bringe ich dich nach Hause. ? „
Ich fand das sehr nett und sagte zu.
Jens kam jeden Tag mit seiner 80er zur Baustelle. Auch, wenn es regnete.
So, setzte ich den Helm auf und versuchte ganz nah auf seinem Moped hinter ihm zu sitzen.
Es war ein komisches Gefühl, weil ich noch nie auf so einem Teil mitgefahren war, dennoch

wirklich schön. Vorher hatte ich Jens den Weg zu mir nach Hause beschrieben und fand es schade, als wir schon nach kurzer Fahrt dort ankamen.

Ich bedankte mich und wollte rein gehen, da rief er mich zurück und sagte:

„ Was hältst du davon, wenn ich mit rein komme und du mich deiner Mutter vorstellst?"

Damit hatte ich nicht gerechnet.

„ Gerne, komm mit. „ Jens blieb hinter mir und wir gingen in mein Zimmer.

Plötzlich hörte ich meine Mutter, wie sie die Treppe hoch kam. Ich öffnete meine Zimmertür und rief sie zu mir. „ Mutti, ich habe Besuch mitgebracht, darf ich dir Jens vorstellen?"

Meine Mutter grinste und begrüßte ihn. Nach kurzer Zeit ging sie wieder aus meinem Zimmer, so dass wir uns besser kennen lernen konnten. Wir haben über Vieles gesprochen und gelacht, es war schön. Nun bemerkten wir, dass es dunkel wurde und Jens sagte: „ Claudia, ich fahre jetzt nach Hause, aber wir können uns ja morgen wieder sehen, wenn du möchtest. „

Das können wir, sagte ich. Ich dachte, vielleicht hat meine Mutter nichts dagegen, wenn Jens morgen zum Mittag hier ist. Ich fragte sie kurze Zeit später, sie war gleich einverstanden, womit ich gar nicht rechnete, weil sie Jens noch nicht so richtig kannte.

Jens war nach Hause gefahren und ich räumte meine Schulsachen weg.

Mutti kam in mein Zimmer, setzte sich auf mein Bett und fragte:" Na, du fühlst dich gerade richtig wohl, habe ich den Eindruck. Ja, sagte ich. „Jens ist richtig nett und wir verstehen uns super."

Was meine Mutter schnell mitbekam. „Wann kommt Jens denn morgen?"

„Ich habe seine Telefonnr., wir telefonieren morgen Vormittag. Wann darf er denn hier sein?"

„Ach, sagte meine Mutter, von mir aus kann er kommen, wann er möchte. Vati fährt vormittags eh Taxi, der ist gar nicht zuhause."

Am nächsten Tag war Samstag und ich konnte eigentlich ausschlafen.

Das war an diesem Tag aber nicht der Fall. Es war kurz nach 8.00 Uhr, als ich im Bad stand und meine Zähne putzte. Ich ging dann in mein Zimmer, machte mein Bett und räumte auf, was nicht lange dauerte. Danach habe ich mit meiner Mutter gefrühstückt. Sie bemerkte natürlich, wie aufgeregt ich war. „Wann möchtest du Jens anrufen?"

„In einer halben Stunde, dann ist es 10.00 Uhr. Ich weiß ja nicht, wie lange er schläft."

Endlich war es soweit, ich rief ihn an. Niemand ging ans Telefon, weder er noch ein Elternteil.

Naja, dachte ich mir, vielleicht sind sie gerade draußen und hören das Telefon nicht.

In dem Moment klingelte es!

Ui, wer konnte das sein, ich machte die Tür auf. Da stand Jens und lächelte.

Ich freute mich riesig und bat ihn hinein. Er sagte, dass seine Eltern einkaufen wollten und da dachte er sich, zu mir zu kommen. Es war einfach nur schön.

Von da an sahen wir uns öfter. Es ergab sich, dass er mich freitags nach der Schule mitnahm, da ich ja nach der 6. Stunde aus hatte und Jens kurze Zeit später Feierabend hatte.

Wir sind mit seiner 80er zu sich nach Schessinghausen gefahren. Dort blieb ich bis Sonntag. Schessinghausen / Kreis Nienburg war ca. 50 km von meinem Wohnort entfernt.

Ich wurde seiner Clique aufgenommen, und wir haben uns immer am Wochenende getroffen.

Entweder war eine Fete, oder wir fuhren in eine Disco. Jens brachte mich sonntags nach Hause.

Es brauchte allerdings einige Zeit, bis ich meinen Vater davon überzeugen konnte, dass wir vorsichtig sind.

Ich war 15 und wollte die Pille. Mein Vater war strikt dagegen. Seiner Meinung nach war ich noch zu jung. Aber lieber die Pille nehmen, als mit 15 schwanger zu sein. Das sagte ich ihm mehrmals.

Wir einigten uns dann so, dass ich mit 16 die Pille kriege und ab dann durfte ich auch am Wochenende bei Jens bleiben.

Nun war der 8. Dezember und ich wurde 16 Jahre alt.

Jens hatte sich ein Auto gekauft, da es ihm zu ungemütlich war, bei der Kälte mit seiner 80 er zur Arbeit zu fahren. Es war ein grüner Passat, der aber nicht grün bleiben sollte.

An meinem Geburtstag kam Jens nach der Arbeit zu mir. Meine Mutter ließ ihn rein, da ich das Klingeln gar nicht hörte. Als ich in meinem Zimmer saß, ging auf einmal langsam die Tür auf und Jens guckte um die Ecke. Ich freute mich natürlich und nahm ihn in den Arm. Er gab mir dann eine kleine Schachtel. Mein Geschenk. Mit großen Augen öffnete ich die Schachtel, es war

ein goldener Ring in Schlangenform. Wahnsinnig schön, er gefiel mir auf Anhieb.
Diesen Ring wollte ich gar nicht mehr absetzen. In der Schule habe ich natürlich damit angegeben.

Die nächsten Wochen verliefen so, wie vereinbart. Jens lackierte seinen Passat weiß, mit einer roten Pfeilspitze auf der Motorhaube und roten Sportstreifen an jeder Seite.
Es sah einfach super aus. Dann nahm er mich freitags nach der Schule mit zu sich, und ich blieb dort bis Sonntag.
An den Feiertagen blieb ich auch mal länger bei ihm.

Seine Eltern hatten ein kleines Haus, in dem Jens im 1. OG sein Schlaf- und Wohnzimmer und ein Bad hatte. Also genug Platz für uns beide. Jens war ein Fan von Chris de Burgh. In seinem Wohnzimmer hörten wir stundenlang seine Songs.

Kapitel 2

Mittlerweile war es Anfang Februar 1984. Am Wochenende war ich mal wieder bei Jens.

Wir hatten mit meinen Eltern vereinbart, dass Jens und ich am Sonntag gegen 10.00 Uhr mit Brötchen zum Frühstück bei ihnen sind. So hatten wir es schon öfter gemacht.

Naja, ausschlafen konnten wir an diesem Sonntag nicht wirklich, denn ich wollte noch duschen, und Brötchen mussten wir auch noch vom Bäcker in Schessinghausen holen.

Außerdem dauerte die Fahrt bis zu meinen Eltern ca. eine halbe Stunde.

Es passte aber alles und wir waren rechtzeitig auf der B6 Richtung Hannover.

Auf der gegenüberliegenden Fahrbahn war ein Stopp-and-Go-Verkehr. Die Straße machte mehrere Wölbungen.

Jens hatte natürlich um diese Zeit noch keinen Alkohol getrunken, erst recht nicht, wenn er Auto fuhr.

Wir waren beide nicht angeschnallt, da es zu der Zeit noch keine Pflicht war.

Wir sprachen über Verschiedenes und planten auch schon das nächste Wochenende.

Jens ist immer vorschriftsmäßig gefahren. Plötzlich überholte jemand an einer Wölbung den Stopp-and-Go-Verkehr und kam uns auf dieser Wölbung direkt entgegen. Jens wich aus und der Fahrer des anderen Fahrzeugs lenkte in dieselbe Richtung. Wir stießen mit 100 km/h frontal zusammen.

Ich sehe selbst heutzutage immer und immer wieder dieses Fahrzeug auf uns zu kommen. Eingebrannt ins Unterbewusstsein. An mehr kann ich mich nicht erinnern, da ich ins Koma fiel. Ins Koma für gesamte sechs Wochen meines Lebens.

19

Jens hingegen wurde vom Lenkrad erdrückt. Er war sofort tot. Wie sich später herausstellte hatte der Unfallverursacher ca. 150.000 DM Schulden im Spielcasino in Hannover. Wir hätten theoretisch auf der Fahrbahn ohne Probleme aneinander vorbei fahren können, ohne dass etwas passiert wäre, doch er wollte sich das Leben nehmen. Er hinterließ Frau und zwei Kinder und involvierte zwei weitere Unschuldige in sein Vorhaben. Das Leben meines Freundes nahm er sofort mit und meins beinahe, denn klinisch wurde ich später schon für tot befunden. Doch noch kurz zurück zu dem Unfall.

Nach kurzer Zeit kamen ein Rettungswagen sowie die Feuerwehr, die mich aus dem Auto schneiden mussten.
Ein Sanitäter führte mir einen Schlauch durch den Mund in die Luftröhre, um mich am Leben zu halten. Doch der Schlauch war zu klein. Sie bestellten einen Hubschrauber, da alles schnell gehen musste.
Im Hubschrauber wurde bei mir sofort ein Luftröhrenschnitt gemacht, da der Schlauch für die Beatmung nicht ausreichte. Sie flogen mich in das Agnes-Kahl-Krankenhaus nach Hannover.

Ich hatte so alles an Verletzungen abbekommen, die ein Unfall mit sich bringen kann: Schädel-Hirntrauma, doppelter Oberkieferbruch, drei Zähne heraus geschlagen, bei zwei weiteren Zähnen fehlte jeweils ein Stück.

Meine Nase saß unter meinem linken Auge, Platzwunden am Kopf, mein rechtes Handgelenk, drei Rippen gebrochen – eine weitere Rippe angebrochen, leichte Quetschungen an der Bauchspeicheldrüse und eine Prellung am rechten Knie.

Im Krankenhaus wurde ich gründlich untersucht und künstlich ernährt.

Zur gleichen Zeit wartete zu Hause mein Vater auf uns. Es war kurz nach 10.00 Uhr. Wir wollten ja alle zusammen bei meiner Schwester Roswitha und meinem Schwager Wolfgang frühstücken. Meine Eltern, Oma und Opa, meine Schwester mit meinem Schwager und meinen beiden Neffen. Meine Neffen Marco (8 Jahre alt) und Oliver (6 Jahre alt) spielten bei meinen Eltern an diesem Morgen im Wohnzimmer auf dem Teppich mit ihren Treckern. Mein Vater zeterte schon rum, da wir nicht pünktlich waren und der Frühstückstisch gedeckt war. Es klingelte an der

Tür. Mein Vater öffnete die selbige und sah zwei Polizisten vor der Tür stehen. Meinem Vater stockte der Atem.

Marco und Oliver gingen hoch und erzählten, dass die Polizei unten bei Opa ist. Tja, flachsten Roswitha und Wolfgang: Der Opa war sicher wieder zu schnell gefahren und jetzt kann er seinen Führerschein abgeben.

Kurze Zeit später kam mein Vater total aufgelöst mit verheulten Augen nach oben und teilte allen mit, was passiert war. Er bat meinen Schwager mit zu kommen und mit ihm zum Agnes-Kahl-Krankenhaus nach Hannover, wo ich mittlerweile eingeliefert war. Wolfgang fuhr natürlich mit, da mein Vater ziemlich fertig war. Meine Mutter hatte einen Heulkrampf und konnte sich vorerst gar nicht beruhigen. Deswegen blieb sie zu Hause. Im Krankenhaus liefen mein Vater und Wolfgang verwirrt umher und fragten nach mir. Plötzlich sah mich mein Vater. Er erkannte mich nur an meinen Haaren. Unvorstellbar. Lange konnten mein Vater und Wolfgang mich allerdings nicht ansehen, da ich in den OP geschoben wurde. Es musste alles ganz schnell gehen. Mein Vater und Wolfgang verbrachten fast den ganzen Tag in dem Agnes-Kahl-Krankenhaus. Sie hatten sogar ein ziemlich langes Gespräch mit dem Arzt.

Ein paar Tage später wurde ich aus medizinischen Gründen in die Medizinische Hochschule Hannover verlegt.

Meine Mutter verbrachte jeden Tag ihre Zeit bei mir. Roswitha und Wolfgang besuchten mich ebenfalls sehr oft. Mein Vater hingegen konnte es nicht jeden Tag einrichten, da er als Taxifahrer arbeitete. Er war allerdings jeden zweiten oder spätestens jeden dritten Tag bei mir.

Die Ärzte sagten meiner Mutter, wenn ich aus dem Koma erwachen sollte, wann auch immer es sein sollte, sie solle mir erst von Jens Tod erzählen, wenn ich explizit nach ihm fragen würde.

Es vergingen Tage – Wochen. Meine Mutter saß Tag für Tag an meinem Bett und hielt meine Hand.

Nachdem sechs Wochen vergangen waren, passierte das unerwartete, von meinen Eltern jeden Tag sehnlichst erhoffte. Ganz langsam und zögerlich gingen meine Augen auf.

Als wäre es so gewollte gewesen, war an diesem Tag auch mein Vater zugegen. Meine Eltern waren überglücklich, die Tränen standen ihnen in den Augen vor Glück, Rührung und Freude.

Mir hingegen war eher komisch zumute, da ich meine Eltern nicht erkannte.

Beide redeten ohne Punkt und Komma auf mich ein. Halfen mir, wenn ich mich waschen oder essen wollte, denn selbst diese Fähigkeit hatte ich durch den Unfall und das Koma verlernt. Ich musste alles wieder von Neuem erlernen.

Waschen, duschen, anziehen, essen, gehen – was anfangs nur mit einer Gehhilfe möglich war, schreiben, rechnen... . Als wäre ich ein kleines, hilflosen Kind.

Die Ärzte sagten, dass das nach so einem Unfall völlig normal sei. Doch was bitte ist normal. Alles Erlernte auszuradieren. Das Leben neu zu lernen? Aber ich könne mir ja alles wieder aneignen. Meine Eltern sollten mir einfach nur genügend Zeit geben. Einfacher gesagt als getan, doch meine Eltern hatten es verstanden. Sie waren sehr geduldig und zogen mich ein zweites Mal auf.

Für mich begann ein neuer Lebensabschnitt.

Kapitel 3

Eines Morgens, ich weiß nicht mehr, wann es war, ging ich langsam zum Waschbecken. Dort angekommen sah in den Spiegel und dachte, ich traue meinen Augen nicht. Wer war dieser Mensch, den ich im Spiegel sah? Schnittwunden zeichneten mein Gesicht. Total zerzauste Haare. Abgemagert und total schwächlich aussehend. Ein schöner Anblick ist definitiv anders.

Nach ein paar Tagen sagte ich zu meiner Mutter, sie möge Jens bitte umgehend Bescheid geben, wo ich bin, denn er würde mich auf jeden Fall besuchen kommen wollen.

Meine Mutter schaute mich sehr ernst und geknickt an. Ich spürte, dass etwas nicht stimmt. Mir wurde ganz anders. Dann sagte sie mir, dass ich Jens nie wieder sehen würde. Er sei bei dem Unfall ums Leben gekommen. Er wäre sofort tot gewesen. Mir riss es den Boden unter den Füßen weg. Das war der nächste Schock des Tages! Erst mein total entstellter Anblick und nun wurde mir meine Liebe entrissen. Es war als würde einem das Herz heraus gerissen werden.

Ich war total verwirrt und aufgewühlt. Auf meinem Nachttisch stand eine Vase mit Blumen.

Ich nahm ohne nachzudenken die Blumen heraus und trank das Blumenwasser. Meine Zimmernachbarin rief schnell eine Krankenschwester. Diese versuchte mich zu beruhigen und gab mir eine geringe Dosis Beruhigungsmittel. Die nächsten Tage vergingen. Doch ich kam nicht mehr zur Ruhe.

Ein paar Tage später wurde ich auf ein anderes Zimmer im Erdgeschoss verlegt, wo ich unter Beobachtung stand. Ich lief oft orientierungslos im Zimmer umher. Weder meine Mutter noch andere Personen konnten mit mir reden. Ich blendete alles um mich aus. Lief von einer Ecke in die andere, dann im Kreis, ohne zu wissen, wo genau ich hin wollte.

In diesem Jahr hingegen gab es viele tolle Ereignisse: Die Premiere des Zirkus Roncalli; in Frankfurt am Main wurde am Museumsufer das Deutsche Architekturmuseum eröffnet; mehrere Bands wurden gegründet, wie zum, Beispiel Bon Jovi und Sepultura. Ach ja, der Friedennobelpreis wurde auch verliehen. Nur ich war an einem Punkt, der mir zu schaffen machte. Ich musste praktisch ein neues Leben beginnen. Von Null anfangen. Ohne zu wissen, was ich überhaupt noch wollte.

Ich weinte sehr viel. Hunger hatte ich auch kaum. Nach drei Monaten Aufenthalt im Krankenhaus, sagte mir der behandelnde Arzt, dass ich zur Rehabilitation in Hessisch Oldendorf angemeldet sei. Ok, keine Ahnung, was ich da soll, aber ok. Wenn er es sagt, dann bin ich eben zu einer Rehabilitation angemeldet. Bringt es mir mein altes Leben zurück? Bringt es mir Jens zurück? Ich nahm es ohne Motivation ohne einen Lichtblick einfach so hin.

Hessisch Oldendorf - mein erster Tag im Rehabilitationszentrum war ungewohnt.

Nach meiner Ankunft wurde mir mein Zimmer gezeigt, in dem ich mich erst mal einrichten sollte.

Kurze Zeit später hatte ich ein Gespräch mit dem zuständigen Arzt zur Untersuchung. Keine Ahnung warum, doch jedes Mal, wenn ein Arzt mich ansah und untersuchte, verspürten sie das Bedürfnis meine Narbe des Luftröhrenschnittes tasten zu müssen.

Ja, an meinem Hals war nun die Narbe des Luftröhrenschnittes. Damit kam ich auch grundsätzlich zurecht, doch sie störte mich bei jeder Untersuchung. Sobald mich ein Arzt ansah, berührte er diese Narbe. Warum? Stand da Schild: „Betatsche mich hier"?

Ein Arzt sieht doch diese Narbe. Muss er sie unbedingt anfassen? Die Haut war an dieser Stelle ziemlich dünn und ich war dort eben sehr empfindlich. Jedes Mal lehnte ich mich, sobald die Hand eines Arztes auf mich zukam. Und jede Mal kam dann kam die Frage: „ Ist alles gut bei ihnen?" Ja, man. Doch betatsch mich da nicht, dachte ich. Immer und immer wieder.

Natürlich ist so ein Gespräch für den Verlauf der Behandlung notwendig und es sollte auch eine gelungene Kommunikation zwischen mir und dem Arzt entstehen. Schließlich hat jeder Patient eine andere Krankenrolle und der Arzt muss sich auf jeden Patienten neu einstellen, um ihm optimal helfen zu können.

Das Rehabilitationszentrum war ein ziemlich großes Gebäude mit großem Gartenanteil, in dem man verweilen konnte.

Tag für Tag hatte ich meine Anwendungen. Ich lernte viele Menschen kennen. Manche hatten keine Beine mehr, andere fehlte ein Arm oder sogar beide. Einige Mitpatienten hatten Schwierigkeiten zu sprechen oder auf sich aufmerksam zu machen. Viele verschiedene Schicksale herum.

Ich versuchte mich anzupassen, was sich nicht einfach gestaltete. Doch ich war nun einmal hier und musste damit klar kommen.

Komische Situationen erschwerten mir jedoch den Aufenthalt. Als ich einen Tag zum Schwimmen wollte, zog ich schon in meinem Zimmer meinen Badeanzug an. Darüber den Bademantel. Und los ging es zum Schwimmbad. Kurze Zeit später wurde mir vorgeworfen, dass ich die Männer anmachen möchte, um mehr Aufmerksamkeit zu bekommen.

Das war natürlich totaler Quatsch, ich fühlte mich in meiner Haut und diesem Ort einfach nicht wohl. Und wieder musste ich mit neuen Erfahrungen lernen umzugehen.

An manchen Tagen holte ich mir aus dem Supermarkt von nebenan eine große Schale Kartoffelsalat, die ich meist noch am selben Abend bis auf die letzte in Mayonnaise getränkte Kartoffelscheibe aufaß. Durch die vielen Medikamenten, die ich einnehmen musste, hatte ich schon kräftig zugenommen, doch aufgrund meiner anhaltenden Ist-mi-doch-alles-Egal-Einstellung, schmeckte mir trotzdem jedes Gramm Kartoffelsalat trotz dem. Irgendwie musste ich mir ja den Besuch hier angenehm gestalten.

Die Zeit des Aufenthaltes zog sich wie Kaugummi. Glücklicherweise kamen mich meine Eltern regelmäßig besuchen, um mit mir etwas zu unternehmen. Das lockerte das Ganze ein klein wenig auf.

Ein Wochenende fuhren meine Eltern mit mir in Hessisch Oldendorf in das dortige Autokino.
Mein Vater gab sich große Mühe und hat soweit wie möglich vorne geparkt, damit ich auch gut sehen konnte. Doch der Kinofilm sollte schnell für mich enden, denn plötzlich fing ich sehr stark an zu husten. Ich konnte mich gar nicht beruhigen und meine Eltern wurden langsam unruhig. Auf einmal hustete ich einen Stein aus, der in etwa so groß war, wie der Nagel meines Daumens. Wir erschraken!

Der Spaß Autokino war abrupt beendet und meine Eltern brachten mich sofort wieder in die Klinik.

Sie zeigten dem diensthabenden Arzt diesen Stein und löcherten ihn mit Fragen. Dieser gab sich Mühe, uns zu beruhigen. Er erklärte uns, dass nach einem so starken Unfall es sein konnte, dass ich diesen Stein beim Aufprall verschluckt hatte. Das beruhigte meine Eltern in keiner Weise. Postwendend wurde ich erneut gründlich untersucht, um auszuschließen, dass sich noch mehrere Steine in meinem Körper befanden.

Zum Glück blieb es bei diesem einen Exemplar.

Allerdings wurde bei dieser Untersuchung festgestellt, dass meine Sehstärke beim Aufprall gegen den Tür Holm gelitten haben mussten. Das Ergebnis: Ich musste ab sofort eine Brille tragen. Zwar mit einer niedrigen Dioptrienzahl, doch ich musste mich schon wieder an eine Umstellung gewöhnen. Eine Brille. Ich wollte doch gar keine Brille. Sie zu tragen fiel mir schwer. Meine Eltern versuchten alles Menschen mögliche, um mir auch diesen Einschnitt so angenehm wie möglich zu verpacken.

Somit gingen sie gemeinsam mit mir zu einem Optiker, um für mich ein passendes Brillengestell zu finden. Doch ich fühlte mich mit einer Brille auf der Nase überhaupt nicht wohl.

Der Optiker war mir gegenüber auch noch recht ungehobelt. Sein Motto war in etwa: Mädel, es ist halt nicht zu ändern. Du muss t eben eine Brille tragen. Glücklicherweise hatte ich noch eine Schonfrist. Da meine Brille erst angefertigt werden musste, hatte ich einen Aufschub, um mich an diese neue Situation gewöhnen zu müssen.

Eine ebenfalls spannende Erfahrung, die ich machen durfte, war der Lernprozess, dass man niemanden etwas stehlen darf. Ja, auch das hatte ich verlernt. Keine Ahnung warum, doch es war aus meinen Gehirn wie gelöscht gewesen. In meinem Nachbarzimmer wurde Katrin untergebracht. Sie hatte noch einen längeren Aufenthalt vor sich, als ich. Wir verstanden uns auf Anhieb und gingen somit regelmäßig gemeinsam spazieren oder nutzen die Zeit für gemeinsame Gespräche.

Eines Morgens wollte ich Katrin zu einem Spaziergang durch den Garten des Reha-Zentrums abholen und klopfte an ihrer Zimmertür. Da sie noch nicht fertig war, bat sie mich herein. Während Katrin noch ins Bad verschwand, um sich ausgehfein zu machen, entdeckte ich auf einem kleinen Tisch Katrins Portemonnaie. Ich ging rüber, nahm das Portemonnaie, öffnete es und nahm mir einen Schein heraus. Dann legte ich es zurück an seinen Platz. Als Katrin kurz danach fertig war, gingen wir los.

Am nächsten Tag sprach mich eine Krankenschwester an, ob ich versehentlich Katrins Portemonnaie mit einem Selbstbedienungsladen verwechselt hätte. Ehrlich wie ich war, verneinte ich es natürlich.

Doch die Buschtrommeln reichten bis nach Garbsen. Meine Eltern erfuhren im Handumdrehen von dem Zwischenfall und standen postwendend bei mir auf der Matte.

Meine Mutter wollte unbedingt mit mir in meinem Zimmer alleine unter vier Augen sprechen. Sie fragte mich auch nach dem Verbleib des Geldes und sah mir dabei streng in die Augen. Und jeder kennt diesen Mama-Blick. Es war dieser Ich-bin-dir-nicht-böse,-nur-schwer-enttäuscht-Blick. Und wie es sich gehört, gab ich es zu. Wer will schon eine enttäuschte Mutter haben. Natürlich entschuldigte ich mich bei

Katrin. Zudem bekam auch das komplette Geld wieder zurück. Dass man nicht stehlen durfte musste ich tatsächlich erst wieder lernen. Was wohl noch auf mich zukommen würde? Welche Benimmregeln hatte ich noch verlernt? Würde ich mich noch des Öfteren so blamieren? Ich hatte Angst vor der Zukunft.

Um mir meinen Aufenthalt in dem Reha-Zentrum ein kleine wenig angenehmer zu gestalten, telefonierte meine Mutter jeden Abend mit mir. Ich beschrieb ihr meinen Tagesablauf und meine Gefühle. Versuchte ihr zu vermitteln, dass dieser Ort wie Folter für mich war. Das bedrückte sie natürlich auch. Zu wissen, dass sich ihre Tochter in dem Zentrum nicht wohl fühlte. Sie sprach oft mit meinem Vater darüber, um zu überlegen, wie es nach dem Aufenthalt mit mir weiter gehen würde.

Nach sechs Wochen war es soweit. Meine Eltern holten mich gemeinsam aus Hessisch Oldendorf ab und endlich ging es nach Hause. Ich weiß bis heute nicht, für wen es die größere Wohltat war. Jetzt würde bestimmt alles wieder besser werden.

Kapitel 4

Zu Hause angekommen, verkrümelte ich mich. Zog mich zurück. Meine Eltern machten sich Gedanken, wie sie mich ablenken könnten und kamen auf die Idee Christina anzusprechen.

Christina wohnte nebenan. Sie ging schon mit mir zur Grundschule und gelegentlich trafen wir uns auch heute noch. Meine Eltern planten einen gemeinsamen Ausflug nach Steinhude. Sie wollten mit uns Boot fahren. Doch ganz ehrlich: Mühe hin und Mühe her! Es war ja wirklich lieb gemeint von meinen Eltern, doch es brachte weniger als nichts. Also gar nichts.

Ich hatte mich mit meinem Schicksal noch lange nicht abgefunden, steckte immer noch in der Phase der Verarbeitung.

Doch meine Eltern merkten immer wieder, wie ich mich anstrengte und weiter kommen wollte. Also meldeten sie mich nach kurzer Zeit in der Schule, 10. Klasse an. Glücklicherweise nur erst einmal zur Probe, denn meine Gefühle waren sehr gemischt. Ich fühlte mich in meinem entstellten Körper unwohl. Wie würden meine Mitschüler auf mich reagieren? Wäre ich ein Monster für sie?

Dennoch freute ich mich zu Beginn, doch das sollte sich wie befürchtet schnell ändern.

Doch vorab, bevor wir uns den Abschnitt Schule näher betrachten, waren erst einmal meine Zähne an der Reihe.

Beim dem Unfall verlor ich, wie zuvor schon geschrieben, mehrere Zähne. Zwei Schneidezähne vorne am Oberkiefer, zwei weitere Schneidezähne am Unterkiefer, bei denen zwar noch die Wurzel drin steckte, doch der Rest durch den Aufprall heraus geschlagen wurde.

Im Krankenhaus bekam ich ein Provisorium, vorüber gehend. Also musste ich zuhause regelmäßig zum Zahnarzt, wo eine passende Brücke für den Ober- und Unterkiefer angefertigt wurde, was sehr lange dauerte und schmerzhaft war. Regelmäßig hatte ich einen Termin in der Medizinischen Hochschule in Hannover. Wegen meiner starken Verletzungen wurde ich genauestens untersucht. Es hätte sein können, dass sich z.B. durch mein Schädelhirntrauma nach geraumer Zeit etwas veränderte, was ich nicht mit bekam. Außerdem wurde meine Bauchspeicheldrüse, meine Rippen, meine Gelenke + Kiefer genau unter die Lupe genommen. Da musste ich halt durch, denn ich wollte es schaffen und aufrecht in die Zukunft gehen.

Nun war es soweit!

An meinem 1. Schultag betrat ich die Klasse, die Lehrerein stellte mich den anderen Schülern vor, die ich gar nicht kannte, und zeigte mir meinen Platz.

Ganz ehrlich, ob es Deutsch war, oder Mathe, oder Naturwissenschaft, oder Englisch. Ganz egal – ich kam einfach nicht mit. Was sich natürlich nach kurzer Zeit bemerkbar machte.

Zwischendurch blieb ich mal zu Haus, weil ich mich nicht wohl fühlte. Meine Mitschüler aus der Klasse lachten manchmal über mich. An der Bushaltestelle biss ich in ein Brötchen und meine provisorische Brücke blieb stecken, das war mir sehr peinlich, denn es blieb nicht unbemerkt. Viele konnten sich ihr Lachen nicht verkneifen. War schön und gut, nur ich fühlt mich immer beobachtet, egal wo ich mich aufhielt. Zu Hause, in der Schule oder beim Einkaufen oder schoppen. Jeder achtete nicht nur auf meine Körperhaltung, sondern auch auf meine Kleidung. So nach dem Motto – Na, was trägt Claudia denn heute, passt es zusammen. Wie verhält sie sich, ist sie ruhig oder nervös oder vielleicht wackelig auf den Beinen.

Ich sagte mir, lass die Leute denken was sie wollen. Ich wollte weiter kommen, richtig gesund werden und meinen Weg ins Leben starten.

Wenn mich jemand nicht so mochte wie ich war, der brauchte sich ja nicht mit mir abgeben. Nur so geht es!

Ich wollte mich wohl fühlen und jeden Morgen sollte Freude aufkommen, sobald ich eine Tasse Kaffee in der Hand hielt. Ich musste, und vor allem wollte, mein Selbstwertgefühl stärken, denn jeder fällt mal hin. Aber es ist wichtig nach vorne zu schauen und wieder auf zu stehen. Es ist natürlich einfacher, wenn Leute in der Nähe sind, die einen motivieren, was nicht immer der Fall ist.

Ich musste mir, so zu sagen, meine Herzenswünsche vor Augen halten:

- Was hatte ich vor diesem Unfall erreicht und wie fühlte ich mich?

- Wie habe ich diesen Schicksalsschlag überstanden und verarbeitet?

- Was möchte ich erreichen, was ist mein Ziel?

Ganz wichtig ist, wenn man sich nach solch einem Schicksal Ziele gesetzt hat, muss man hart

bleiben. Denn hin und wieder kommt das ein oder andere Mitleid von anderen Menschen durch. So schwer es auch ist,
nicht hin hören. Andere meinen es zwar immer nur gut, aber übertreiben oft maßlos. In so einem Fall auf die innere Stimme hören = **Mein Ziel!**

Nun war es Sommer und wir hatten sehr schönes Wetter. Nach solch einem Schicksalsschlag will man nur schöne Tage haben!
Ich bekam die Nachricht von der LVA, dass ich zu einer Rehabilitation in Gailingen für 6 Wochen angemeldet bin, kurz vor der Schweizer Grenze am Bodensee.
Meine Eltern sprachen aber vorher mit mir darüber und zeigten mir auch Bilder von dem Rehabilitationszentrum in Gailingen, was ca. 1.000 km entfernt war.
Ich war einige Tage dabei, meine Sachen für den Aufenthalt in Gailingen zu packen. Meine Eltern brachten mich mit dem Auto nach Gailingen. Es stand eine lange Fahrt an und wir waren darauf gut vorbereitet.
Unterwegs bin ich oft eingeschlafen, was für mich während einer Autofahrt eine Kleinigkeit war.

Wir machten 2x eine Pause, nach ca. 12 Stunden kamen wir an.

Mein Vater war natürlich sehr geschafft, denn er ist die ganze Zeit gefahren, was anstrengt.

Am Eingang wurden wir sehr freundlich empfangen und herumgeführt.

Es gab ein Haus A, Haus B, Haus C und Haus D.

In Haus A waren nur kleine Kinder, Haus B war gemischt, Haus C war nur für Frauen und Haus D nur für Männer. Dort sah ich Unbeschreibliches. Ein junger Mann saß im Rollstuhl-ohne Beine, ein Anderer hatte keine Arme, sogar Kinder waren körperlich sehr in Mittleidenschaft getreten. Ein Schicksal nach dem anderen.

Ich fühlte mich in diesem Zentrum aber sehr wohl. Jeden Tag hatte ich ganz normalen Unterricht, wie in der Schule. Zwischendurch eine Massage, Sport oder Schwimmen.

Montags und mittwochs stand Ergotherapie auf dem Plan, um meine allgemeine Handlungsfähigkeit zu stärken, sowie eben meine Lebensqualität zu verbessern.

Wir waren eine kleine Gruppe und kamen gut miteinander aus. Abends gingen wir manchmal ins Dorf, wo einige Gaststätten und Bars waren. Wir brauchten nur 10 Minuten zu Fuß, dann waren wir in der Schweiz, wo wir in die Disco gingen, der Falke.

Aber das taten wir - wenn - dann am Wochenende.

Ich bekam wieder das Gefühl, schöne Zeiten zu genießen, was mir entfallen war.

Kapitel 5

Nach 6 Wochen war ich wieder zuhause, ich fühlte mich ganz anders.

Immer noch gab es das Thema ´Brille´. Ich spielte mit dem Gedanken, Kontaktlinsen zu tragen. Wovon meine Eltern gar nicht überzeugt waren, aber das war mir egal. Ich machte einen Termin beim Optiker und saß nun vor diesen Kontaktlinsen, zur Probe. Diese Linsen mussten über Nacht in eine Flüssigkeit, damit sie aus trocknen. Morgens mussten sie eine gewisse Zeit in einem Reinigungsmittel liegen, dann abgespült werden, erklärte der Optiker und zeigte mir, wie ich die Kontaktlinsen einsetze.

Erst war es ein komisches Gefühl. Es war ungewohnt, was nach einigen Tagen nach lies. Ich fühlte mich wohler.

Nach kurzer Zeit meldete ich mich in der Hauswirtschaftsschule in Neustadt an, wo ich - durch den Unfall nicht erreicht - meinen Realschulabschluss nachholen wollte. Doch nun stand mein 18. Geburtstag an, darauf freute ich mich. Mit meinem Freund Oliver plante ich meine Geburtstagsfeier. Er hatte in Osterwald eine eigene Wohnung, wo wir uns oft trafen. Oliver war schon nett und wir gingen häufig in die Disco, aber ganz zufrieden war ich nicht. Noch war ich nicht 18 und mein Vater wollte, dass ich um 22.00 Uhr aus der Disco raus bin und nach Hause komme, um diese Zeit ging es gerader erst los, aber ich hatte keine Chance , meinen Vater um zu stimmen. Manchmal holte er mich sogar um 22 Uhr von der Disco ab. Er war besorgt.

Jetzt war ich fast 18 und musste immer noch zur Schule, hatte kein eigenes Einkommen, das passte mir gar nicht. Ich bewarb mich in Hannover bei Firma Deichmann – Schuhe und wurde nach kurzer Zeit zum Vorstellungsgespräch eingeladen.
Der Geschäftsführer sagte am Ende des Gesprächs, dass ich per Post Bescheid bekomme, ob ich dort meine Ausbildung absolvieren kann, die 3 Jahre dauern sollte.
Es dauerte ca. 3 Wochen, da bekam ich eine Zusage. Nach 1 Jahr beendete ich die Schulzeit in Neustadt und begann die Ausbildung zur Schuh-Fachverkäuferin bei Deichmann in Hannover.
Hannover ist eine schöne Stadt, besonders in der Weihnachtszeit, ich fühlte mich dort sehr wohl.

Nach Feierabend, um 18.00 Uhr, ging ich zur U-Bahn und fuhr nach Stöcken, von dort aus mit dem Bus nach Osterwald, das dauerte ca. 1 Stunde, die ich unterwegs war, aber das war mir egal. Ich war jetzt ein Stück weiter und meldete ich mich im Nachbarort bei der Fahrschule an. Mein Vater brachte mich abends jedes Mal zum theoretischen Unterricht und holte mich auch wieder ab.

Wenn ich fahren musste, holte mich der Fahrlehrer von zu Hause ab.

Dieser Fahrlehrer schien es echt nötig zu haben, denn während der Fahrt legte er manchmal seine Hand auf mein Bein, was unmöglich war. Ich habe seine Hand immer an die Seite geschoben, aber er ließ nicht nach. Ok, also wechselte ich die Fahrschule und entschied mich für eine in Osterwald. Das war eine richtige Entscheidung, denn mit diesem Fahrlehrer verstand ich mich sehr gut.

Wenn wir z.B. an einer Ampel standen, setzte er seine Mütze auf und steckte seine Pfeife in den Mund und machte komische Grimassen zu den Leuten draußen. Wir lachten sehr viel, es machte einfach Spaß und ich wollte gar nicht aufhören Auto zu fahren, was manche –wegen meines

Unfalls- nicht verstanden. Bei der theoretischen Prüfung viel ich einmal durch, aber beim zweiten Mal bestand ich. Die praktische Prüfung bestand ich sofort. Endlich hatte ich meinen Führerschein, alles andere kriege ich auch noch hin, sagte ich mir.

Ab jetzt konnte ich mich nur auf meine Ausbildung konzentrieren.

Bei Deichmann kümmerte ich mich überwiegend um die Sportschuh-Abteilung.

Ware auffüllen, sortieren, Ordnung halten und Kunden beraten.

Eines Tages lernte ich dort Kai kennen. Er kam oft ins Geschäft und flirtete mit mir.

Nachdem Kai sich dann ein Paar Turnschuhe kaufte, fragte er mich, ob wir mal zusammen etwas unternehmen können, Kino oder Disco. Das fand ich sehr nett und sagte zu. Kai holte mich oft abends von der Arbeit ab und brachte mich nach Hause. So kamen wir uns mit der Zeit näher, was anfangs sehr schön war. Kai wohnte bei seinen Eltern im Nachbarort, nicht weit von Osterwald. Er stellte mir seine Eltern vor, das war ein komisches Gefühl. Kai war über das Geschehen des Unfalls gut informiert und erzählte von mir, in meinem Beisein, von meinem Unfall, was er ziemlich genau beschrieb. Seine Eltern waren erstaunt und ich fühlte mich im ersten Moment gut, aber dann merkte ich, dass ich gar nicht für voll genommen wurde. Naja, dachte ich mir, ich bin ja mit Kai zusammen und nicht mit seinen Eltern. Seine Eltern schienen sehr wohlhabend und vornehm. Das Verhalten und die Einrichtung machten den Eindruck, als hätten sie viel Geld. So oft sahen wir uns nicht, aber wenn, war es von deren Seite eine künstlich gehobene Stimmung. Nach dem Motto = Was bin ich...

Zuhause war es schöner.

Ich hatte im Haus meiner Eltern im Keller 2 Räume, die durch eine Schiebetür getrennt waren. Ein Wohn- und ein Schlafzimmer, das Bad war am Ende des Ganges.

Kai war oft bei mir. Eines Tages ergab es sich, dass er zu mit zog. Kai arbeitete bei einer Versicherung und konnte sich seine Arbeitszeit einteilen.

Am kommenden Wochenende war die Geburtstagsfeier seines Bruders, der in Großburgwedel wohnte. Kai und ich fuhren an dem Samstag auch hin, er trank natürlich eine Menge Alkohol und durfte nicht mehr fahren.

Das machte ihm ja nichts aus, da ich meinen Führerschein hatte.

Wir fuhren nachts los und ich hielt das Lenkrad immer sehr angespannt fest, dass meine Hände schmerzten.

Kai achtete auf jeden Handgriff von mir und meckerte viel. In der Innenstadt von Hannover war eine Baustelle und deswegen eine Umleitung. Ich verfuhr mich und wusste nicht genau, wo ich nun weiter fahren sollte. Kai fing an mich zu schreien und bat mich, an zu halten.

Dann stieg er aus und ließ seine Wut an der Litfaß-Säule ab.

Ich bibberte im Auto vor Angst. Als er wieder einstieg, tat er so, als wäre nichts gewesen und beschrieb mir sogar den Rückweg. Am nächsten Morgen tat sein Arm verdammt weh, aber es war Sonntag und die Arzt-Praxen waren geschlossen. Also musste er noch einen Tag warten. Kai war schlecht drauf.

Wenn wir oben bei meinen Eltern waren, schleimte er und war immer sehr freundlich.

Montag ging er morgens sofort zum Arzt, Resultat = Der Arm war gebrochen. Somit konnte er sich bemitleiden lassen, was er gern tat.

Wir verstanden uns mal gut und mal nicht so gut, darüber machte ich mir nicht so sehr Gedanken, da ich kurz vor Ende der Ausbildung war und die Prüfungen anstanden. Ich übte viel und hatte andere Sachen im Kopf, als die Probleme mit Kai.

Kai fragte mich eines Tages, ob ich mit ihm nach Stolzenau ziehen würde. Er hat einen anderen Kundenstamm bekommen und Stolzenau ist zu weit entfernt, um mal kurz zu einem Kunden zu fahren.
Darüber machte ich mir Gedanken und sagte, es wäre in Ordnung, wenn ich meine Ausbildung beendet habe. Ich beendete sie nach 2 Jahren. Die schriftliche Prüfung versemmelte ich 1x, musste also ein halbes Jahr nachlernen. Wahrscheinlich war mir Alles etwas zu viel, was ich nicht wahr haben wollte, denn ich wollte es unbedingt schaffen, da mir eine abgeschlossene Ausbildung sehr wichtig war. Dann bestand ich die schriftliche Prüfung, und kurz darauf die praktische.

Ich hatte also meinen Führerschein und eine Ausbildung, jetzt konnte ich ausziehen und mein eigenes Leben starten! Das teilte ich natürlich als

Erstes meinen Eltern mit, dann meiner Tante und Oma und Opa im Harz.

Meine Eltern waren erst nicht so erbaut davon, konnten es aber nachvollziehen.

Kai fuhr mit mir nach Stolzenau, wo er schon eine Wohnung für uns ausgesucht hatte.

Ich war verdammt naiv und ließ es mir gefallen. Denn wenn man ausziehen möchte, schaut man sich zusammen eine Wohnung an und entscheidet auch zusammen. Kai sagte, er würde den Vermieter und seinen Sohn Andreas gut kennen und verstünde sich mit denen sehr gut.

Diese Wohnung war sehr groß, 100 m², eigentlich zu groß für nur 2 Personen.

Wir zogen im Juni 1989 dann also nach Stolzenau. Zuerst war es sehr aufregend und schön.

Um den Haushalt habe ich mich alleine gekümmert, einkaufen, Essen kochen – eigentlich um alles.

Es musste bei uns immer sauber sein, denn ich musste damit rechnen, dass jeden Moment Kollegen oder Kunden von Kai auftauchten. Er war selbstständig und verbrachte die meiste Zeit auf seinem Bürostuhl.

 Dass er nicht mit Geld umgehen konnte, bemerkte ich nicht. Ich steckte mein ganzes Geld

(Schmerzensgeld) in die Einrichtung. Wo sich später Probleme ergaben. Wir bestellten oft Möbel und bei jeder Lieferung unterschrieb Kai den Lieferschein. Darüber machte ich mir nicht ausreichend Gedanken. Kai teilte sich seine Zeit immer zu seinen Gunsten ein und ging oft nach nebenan zu Andreas. Dessen Frau war schwanger und sie konnte nicht so wie sie wollte. Was bei der Bewegung anfing und beim Genuss von Alkohol aufhörte. Im Keller war ein Partyraum, wo wir oft Feten feierten. Wenn Kai und ich gemeinsam auf einer Fete waren, fühlte ich mich von ihm so nebensächlich behandelt. Ich durfte ihn auch nicht anfassen, das mochte er in der Öffentlichkeit nicht. Bei passender Gelegenheit, sobald wir neue Leute kennen lernten, erzählte er von meinem Unfall, was ich denn durchgemacht hatte. Das war nicht schön für mich. Ich wollte auf andere Gedanken kommen und suchte mir Arbeit bei Schlecker als Verkäuferin, leider nur 6 Monate, dann musste ich dort aufhören, da Personal eingespart werden sollte. In der Nähe war eine Videothek, da fing ich dann an zu arbeiten.

Diese Videothek musste nach ein paar Monaten schließen und ich war wieder auf der Suche.

Zu meiner Beruhigung sagte ich mir immer wieder – Kopf hoch!

Also ging ich zum Arbeitsamt in Stolzenau und meldete mich arbeitsuchend.

Erst mal hatte ich ausreichend Zeit, mich um die 100 m^2Wohnung zu kümmern, da Kai nichts machte, außer am Computer zu sitzen oder zu Kunden zu fahren, wenn er nicht bei Andreas war.

Ich kümmerte mich um den Haushalt, das Essen und nebenbei ging ich ins Fitness Studio.

Nach ca. 3 Wochen bekam ich Bescheid vom Arbeitsamt, dass im Nachbarort – in Steyerberg - eine Arbeitskraft an der Tankstelle für den Außenbereich gesucht wird, Vollzeit.

Da rief ich sofort an und wurde für den nächsten Tag um 10.00 Uhr zum Vorstellungsgespräch mit meinen Unterlagen eingeladen. Es war eine Tankstelle, bei der draußen, abgesehen von den Tanksäulen auch Hallen waren. Eine zum Auto waschen, daneben eine Halle zur Unterbodenwäsche und daneben eine Halle, die als Werkstatt diente.

Pünktlich um 10.00 Uhr war ich natürlich dort und wurde gleich an der Eingangstür vom Eigentümer empfangen, der auffallend freundlich war. Wir gingen hoch ins Büro, tranken Kaffee und sprachen über meine beruflichen Kenntnisse und meine zukünftige Tätigkeit als Arbeitskraft an dieser Tankstelle. Am kommenden 1. konnte ich anfangen.

Ich war für die Waschhalle eingeteilt. Wenn jemand sein Auto gewaschen haben wollte, parkte er vor der Waschhalle und ich habe es dann hinein gefahren, die Antenne abgemacht, alle Scheiben kontrolliert, den Wagen abgespritzt und dann die Karte in den Automaten gesteckt.

Wenn der Waschvorgang beendet war, habe ich das Auto mit einem Ledertuch abgewischt, so dass es glänzte. Außer mir war noch ein Kollege dort, der mir zur Hand ging. Es klappte ganz gut, bis es Tag für Tag nervender war, da ein Kollege – der überwiegend im Geschäft war – mich morgens ab passte, da er mich besser kennen lernen wollte,

wovon ich gar nicht begeistert war. Gelegentlich holten wir Autos von Firmen aus der Umgebung, die wir reparierten, reinigten auch wieder hin brachten.

Immer, wenn so etwas der Fall war, wurde nach mir gerufen, da wir zu zweit los fuhren.

Mein Chef, oder dieser Kollege fuhr am liebsten mit mir so ein Auto holen, da sich unterwegs die Gelegenheit bot, mir an mein Bein zu fassen oder vielleicht mehr. Was ich aber nicht wollte!

Das war für mich eine unvorhersehbare Erfahrung, die ich für mich abspeicherte.

Nach 9 Monaten kündigte ich. Das Original bekam das Arbeitsamt, und eine Kopie die Frau meines Chefs – da sie im Büro tätig war. Den Grund meiner Kündigung möchte ich hier nicht darlegen.

Mein Chef regte sich sehr auf, ich bekam Hofverbot. Gut, das war mir auch egal.

Ca. 500 m entfernt war noch eine Tankstelle. Ich fuhr einfach hin und gab meine Bewerbungsunterlagen ab. Es sah gut für mich aus, denn die Tankstelle existierte noch nicht lange und natürlich wurde Verstärkung gebraucht. Also arbeitete ich 1 Woche später bei der Konkurrenz, was eine gute Entscheidung war.

Morgens bin ich mit dem Fahrrad, wenn das Wetter mitspielte, zur Arbeit gefahren und abends zurück. Im Winter fuhr ich mit dem Bus. Da Kai sich zu fein war, mich zu fahren oder wenigstens mal ab zu holen. Da musste ich durch.

An dieser Trankstelle konnte ich mir die Arbeit einteilen. Eine Woche hatte ich Früh- und die andere Woche Spätschicht. Zu meinem täglichen Arbeitsablauf gehörte: Wenn nötig, Ware bestellen, auspacken, den Innenraum sauber halten, die Kasse bedienen, Autos reinigen und Kunden behilflich sein, die beim Tanken unsicher waren. Wenn sich die Benzinpreise änderten, musste ich eine Leiter und einen Schraubenzieher holen und die Schilder dementsprechend ändern. Nebenan war ein Autohaus. Von dort wurden Autos gebracht, die verkaufsfertig gemacht werden mussten. Innen und außen. Dazu musste ich drauf achten, dass niemand unbeaufsichtigt im Laden war. Das spielte sich nach kurzer Zeit sehr gut ein. Denn ich verstand mich mit der Kundschaft, den Mitarbeitern des Autohauses und meinem Chef und seiner Frau sehr gut.

Plötzlich fiel mir auf, dass Kai, etwas abgelegen, in seinem Auto saß und mich beobachtete. Er kam nicht damit zurecht, dass ich mich immer mehr von ihm zurückzog.

Wenn ich an der Tankstelle alleine war, traute ich mich gar nicht aus dem Laden. Ich musste aber manchmal raus gehen. Dann war ich sehr unsicher, etwas Angst war auch dabei Ich hörte jedes Vogelzwitschern und jedes Rauschen des Windes.

Mein Chef hatte hinter der Tankstelle ein Gewerbevertrieb, dort arbeiteten 10 Kollegen von mir, die mich oft bei der Arbeit besuchten.

Die Spätschicht endete um 21.00 Uhr.

Kurz vor Feierabend kam ein Kollege und wartete, bis der Laden abgeschlossen war und ich mich auf den Heimweg machte, dann ging er auch. Jeder wusste Bescheid und wollte mir behilflich sein, was sehr beruhigend für mich war. Meine Eltern hatten mir mehrmals angeboten, wieder nach Hause zu kommen. Dort würde ich auch Arbeit finden. Aber ich wollte meine Arbeit behalten und alleine zu -recht kommen.

Mein Tag sah so aus: Je nachdem welche Schicht ich hatte, bin ich entsprechend früh aufgestanden und habe die Wohnung aufgeräumt und teilweise sauber gemacht, eingekauft und Essen vorbereitet.

Bei schönem Wetter fuhr ich mit dem Fahrrad ca. 8 km zur Arbeit und bei schlechtem Wetter mit dem Bus. Bis ich von meiner Patentante ein Auto geschenkt bekam. Mein erstes Auto, einen roten Derby, ich freute mich sehr. Endlich war ich unabhängig. Mit meinem Auto bin ich natürlich von da an immer zur Arbeit oder zum Einkaufen gefahren.

Nach Feierabend, ob Früh- oder Spätschicht, war ich eher zuhause und habe Essen gekocht und die Küche sauber gemacht.

Ab und zu war eine Fete im Keller mit unseren damaligen Freunden. Es war absolut nicht mein Ding, aber ich wollte keinen Ärger mit Kai haben. Im Partyraum, wo wir uns oft trafen und feierten, tanzte ich sehr gern. Denn je später es wurde, umso lockerer wurden die Anderen und manchmal hatte ich Spaß.

Ich fühlte mich gar nicht wirklich wohl. Nach 1,5 Jahren beschloss ich, mich von Kai zu trennen.

Ich hatte viel durch gemacht, und so ging es nicht weiter.

Es war an einem Montag, wo Kai einen Außentermin hatte, die Chance nutzte ich.

In meinen großen Koffer packte ich einen Großteil meiner Kleidung ein und stellt ihn schon mal vor die Wohnungstür, da ich zur Toilette musste und danach gehen wollte. In diesem Moment kam Kai rein und sah den Koffer. Er wusste, wie es um mich stand und schloss die Tür ab. Du bleibst hier, sagte er und schob den Koffer zu mir. Das passierte zweimal. Das nächste Mal klappte es und ich war weg. Olaf –ein Bekannter-bot mir an, bei ihm zu übernachten. Er wohnte bei seiner Mutter und sie hatten viel Platz. Das war mir nur recht.

Bis ich eines Tages an der Tankstelle Lars kenne lernte. Lars war selbstständig, er hatte eine Dachdecker Firma. Lars kam mich fast jeden Tag an der Tankstelle besuchen und wir unterhielten uns gut. Er brachte auf einmal Christian mit, einen Angestellten und Freund.

Christian sagte kaum etwas, er beobachtete mich nur. Mir fiel es zwar auf, aber es war mir auch egal.

Mein 23. Geburtstag stand an. Lars fragte, ob ich feiern möchte, das verneinte ich. Wo sollte ich feiern und außerdem war ich nicht gerade in der Feierlaune.

Lars schlug vor, dass wir zusammen feiern. Das heißt, außer Lars und seine Frau noch ein Freund mit seiner Frau, Christian und Olaf. Wir fahren zusammen in die Disco und feiern dort meinen Geburtstag. Um Kai bräuchte ich mir keine Gedanken zu machen, darauf wird geachtet und ich war nicht alleine. Damit war ich einverstanden.

Wir trafen uns am 8.12. bei Lars und stießen erst mal auf meinen Geburtstag an.

Ich fühlte mich frei und unabhängig, es war ein schönes Gefühl. Wir unterhielten und sehr gut und hatten Spaß.

Mit 2 Autos mussten wir losfahren, da nicht alle in Lars Geländewagen passten.

Christian und ich saßen auf der Hinfahrt hinten. Im Rückspiegel machte Lars Christian gegenüber Andeutungen, er solle doch näher zu mir rücken, was mir im Nachhinein erzählt wurde.

Es war eine sehr gute Stimmung und ich fühlte mich gut aufgehoben.

In der Disco in Nienburg tanzten Christian und ich viel. Auf der Tanzfläche kamen wir uns immer näher, es war schön. Bei langsamer Musik küsste er mich, wo ich im 7. Himmel schwebte.

Olaf tanzte auch, hielt aber Abstand. Er bekam natürlich alles mit, was mir egal war.

Plötzlich kam Kai auf der Tanzfläche auf uns zu. Oh, dachte ich, jetzt knallt es.

Wir ließen uns nicht irritieren und tanzten weiter. Lars kam dazu und Kai verlies mit schnellem Schritt die Tanzfläche, Lars hinterher. Kai gefiel es sicher nicht, das er nicht die Möglichkeit hatte, mich an zu sprechen, da ich so zu sagen Beschützer bei mir hatte. Er verließ dann die Disco und wir konnten weiter feiern.

Nachts brachte Lars mich und Olaf zu sich nach Hause, da ich ja auch noch meine Sachen bei ihm hatte. Ein paar Tage später, nach regelmäßigem Kontakt mit Christian, setzte ich mich mit Olaf zusammen und erklärte ihm, dass ich mich in Christian verliebt hatte und ich mit sämtlichen Sachen nach Schinna zu ihm ziehen möchte. Olaf war geknickt. Er hatte sich mehr erhofft, aber dazu gehören nun mal 2.

Christian lebte in Scheidung und wohnte vorüber gehen bei seiner Mutter in seinem Jugendzimmer. Nebenan wohnte Lars und er bot mir an, meine Sachen bei ihm im Gartenhäuschen unter zu stellen, was mir sehr gelegen kam.

Denn so viel Platz war in Christians Zimmer auch nicht.

Nach ca. 3 Monaten fanden wir eine Wohnung in Steyerberg, die uns auf Anhieb gefiel.

Mein Leben schien einen neuen Anfang zu haben. Gesundheitlich fühlte ich mich sehr wohl. Ich übte meinen Beruf an der Tankstelle aus, den Haushalt teilten wir uns und wir unternahmen viel.

Mittler Weile waren wir ein Jahr zusammen und es passte einfach Alles.

Wir feierten Sylvester bei einem Bruder von Christian und saßen zu späterer Stunde etwas abseits.

Wir tranken Wein und Christian machte mir plötzlich einen Heiratsantrag, den ich zusagte.

Im Mai heirateten wir und ich wurde schwanger.

Als ich von der Schwangerschaft erfuhr, fuhren Christian und ich zu meinem Chef, um ihm das mit zu teilen, er war gar nicht begeistert.

Ich hatte genug Zeit, die Schwangerschaft zu genießen, denn an der Tankstelle durfte ich nicht mehr arbeiten, da die Benzole, von denen ich bei der Arbeit umgeben war, giftig für das ungeborene Kind waren.

Nach der Geburt meines Sohnes zogen wir in eine größere Wohnung. Während des Umzugs trat ich einmal falsch auf und es zog sehr stark in meinem rechten Fußgelenk, wobei ich mir nichts dachte.

Ein paar Tage später fiel mir auf, dass das Gelenk immer dicker wurde – und farbig.

Ich ging zum Orthopäden, der mich oberflächlich untersuchte und nichts fand. Er verschrieb mir Schmerztabletten.

Am nächsten Tag ging ich ins Krankenhaus und mein Fußgelenk wurde geröntgt.

Der Arzt konnte auf dem Röntgenbild nichts erkennen.

Einen nächsten Termin holte ich mir bei meinem Hausarzt.

Mir wurde Blut abgenommen und festgestellt, dass der Entzündungswert sehr erhöht war,

daraufhin bekam ich eine Überweisung in ein Krankenhaus zum stationären Aufenthalt,

wo ich gründlich untersucht wurde.

In meinem Kopf war ein wirres Durcheinander, was war bloß los.

Kein Arzt konnte mir eine genaue Auskunft geben und ich wusste nicht was noch auf mich zukam.

Bei der Visite wurde gesagt, es stehen noch einige Untersuchungen an, sich konnten mich noch nicht entlassen.

Oft habe ich wach gelegen und mir Gedanken gemacht.

Nervlich war ich sehr angespannt, aber mein Mann Christian hielt zu mir – genauso wie mein Sohn Marvin, sie gaben mir Kraft.

Manchmal saß ich im Krankenhaus auf der Toilette und weinte.

Nach 8 Tagen wurde von meinem Fußgelenk Ultraschall gemacht und erkannt, dass es ein Bänderanriss war, wo sich einiges erklärte.
Ich bekam die entsprechenden Medikamente und Krücken verschrieben und konnte am nächsten Tag das Krankenhaus verlassen.
Zu Hause haben wir uns erst mal ein paar gemütliche Tage gemacht. Mein Mann und mein Sohn waren mir behilflich, wo sie konnten. Ein paar Tage ging ich an Krücken, aber nach und nach wurde mein Fußgelenk schmaler und ich konnte zum Glück wieder richtig auftreten.

Wir fühlten uns in dieser Wohnung wohl. Wir hatten einen kleinen Garten, wo wir uns im Sommer oft aufhielten. Nun stand der Winter vor der Tür und wir stellten fest, dass die Wände nicht isoliert waren. An vielen Wänden war Schimmel, auch in den Schlafräumen.
Ständig war ich krank. Eine Entzündung an der Zahnwurzel, was operiert werden musste und kurze Zeit später eine Entzündung im Ellenbogen – woraus sich ein Tennisarm entwickelte mit einer darauffolgenden OP.
Plötzlich fühlten wir uns nicht mehr wohl und sprachen mit dem Vermieter.

Der sagte, wir hätten angeblich zu viele Möbel und die Luft würde sich dadurch stauen.
Dazu viel uns nichts ein, wir schüttelten nur unseren Kopf. Mir reichte es wirklich und ich sprach mit meinem Mann über einen Umzug.
Denn Schimmel verursacht Krankheiten!
Mein Mann war total einverstanden und somit waren wir auf Wohnungssuche. Wir sahen regelmäßig in die Zeitung und hörten uns um, denn nicht jeder Vermieter inseriert in der Zeitung. Zum Glück dauerte es nicht lange und wir sahen eine Anzeige von einer 4,5 Zimmer Wohnung mit Keller und Garten, das war interessant.
Sofort wählte ich die angezeigte Telefonnummer und konnte schon für den nächsten Tag einen Besichtigungstermin mit dem Vermieter vereinbaren.
Das war sehr beruhigend, denn so konnte es nicht weiter gehen.
Am kommenden Tag konnten mein Mann und ich zu Fuß zu dieser Wohnung gehen,
da sie nicht weit entfernt war.

Für die Besichtigung nahmen wir uns viel Zeit und überlegten.

Zu dem Vermieter sagten wir, dass wir ihm am darauffolgenden Tag unsere Entscheidung telefonisch mitteilen. Auf dem nach Hause Weg sprachen wir über diese Wohnung und einigten uns.

Die Wohnung war groß und ausreichend Platz für Marvin. Die Miethöhe passt, also können wir sorglos dort einziehen. Natürlich erkundigten wir uns über die Isolierung, das Alter des Hauses, die Nebenkosten und so weiter. Das Haus, sowie das Grundstück waren sehr gepflegt und die Wohnung frisch renoviert.

Der Vermieter freute sich sehr, da wir uns von Anfang an gut verstanden.

Er besuchte uns kurze Zeit später in der Schimmel Wohnung und war erschrocken,

Nun hatten wir die Kündigungsfrist von 3 Monaten und ich hatte eine Idee.

Im Garten hatte Christian ein kleines Häuschen für unsere Gartengeräte aufgestellt, er war handwerklich sehr begabt. Dieses könnte dem Vermieter zu Gute kommen, sagte ich zu ihm. Wie wäre es, wenn das Häuschen stehen bleibt und wir die Kündigungsfrist nicht einhalten brauchen. Wäre das Beste und wir können in der neuen Wohnung wieder gesund schlafen.

Christian war sofort damit einverstanden, obwohl er sehr viel Arbeit in dieses Häuschen steckte.

Am nächsten Tag gingen wir zu dem Vermieter dieser Schimmel Wohnung und machten den Vorschlag mit dem Gartenhäuschen. Er war zwar kurz etwas unfreundlich, aber bat uns hinein. Zuerst zögerte er ein wenig, nickte aber kurz darauf und war einverstanden.

Nun hatte wir ein ruhiges Gefühl und gingen frohen Mutes nach Hause.

Der neue Vermieter besuchte uns am nächsten Tag und freute sich über unsere Entscheidung.

Wir fingen an zu packen und planten den Umzug.

Diese Wohnung war im Erdgeschoss eines 3 Familienhauses. Mit unseren Nachbarn verstanden wir uns vom ersten Augenblick an gut.

Ich besuchte oft meine Eltern, und musste an dem Ort Schessinghausen vorbei fahren.

Meine Gedanken waren natürlich sofort bei Jens, der dort begraben war.

Nach solch einem Schicksal kann man sich anstrengen, diese Gedanken an die Seite zu schieben, aber das gelingt nicht. Sie kommen immer wieder.

Nach ca. 1 Jahr fuhr ich zum Grab von Jens und legte einen Strauß Blumen hin.

Ich nahm mir vor, das öfter zu machen.

Es war keine Absicht, doch leider verblieb mein Vorhaben.

Nun waren 7 Jahre vergangen und mein Mann musste auf einen Lehrgang.

Ich beschloss, nach Schessinghausen zu fahren, mit einem Besuch bei Jens Eltern.

Auf dem Weg zum Friedhof in Schessinghausen kamen viele Erinnerungen hoch.

Ich fuhr mit niedriger Geschwindigkeit durch den Ort und schaute mich gründlich um.

Als ich am Friedhof angelangt war, stieg ich aus und ging ganz langsam zu Grab von Jens.

Das Grab war bedeckt mit weißen Steinen. Ich stellte eine Blume hin und sprach mit ihm.

Ohne mich weiter um zu sehen ging ich wieder zum Auto.

Das Haus der Eltern war in der Nähe. An diesem Haus fuhr ich vorbei und drehte um. Als ich auf das Haus zu kam, schaute ich in die obere Fensterreihe und dachte mir: Hm, in diesem Zimmer habe ich oft geschlafen... . Es war ein unbeschreiblich komisches Gefühl. Ich schaute an der Garage vorbei auf den Weg in den Garten, wo wir uns im Sommer viel aufhielten. Vor der Garage lackierte Jens sein Auto in Weiß, mit einem roten Sportstreifen an jeder Seite.

Nun stand ich vor dem Haus und ging, mit einer Topf Rose für seine Mutter, zur Tür und klingelte. Sein Vater Georg machte auf und sah mich erschrocken an. Ich fragte ihn, ob er mich erkennt. Er schüttelte den Kopf und guckte ernst. Ich war die Freundin von Jens, die Claudia, sagte ich.

Georg wollte gerade zum Geburtstag zu einer Nachbarin, aber er bat mich herein.

Ist deine Frau zu Hause, fragte ich. Linda ist vor 3 Jahren gestorben, sie hatte Schwierigkeiten mit ihrem Herz und überstand die OP nicht. Auf der Kommode standen viele Bilder von ihr.

Außerdem auch von Kevin, Jens Bruder.

Kurze Zeit nach Linda´s Tod starb Kevin. Er bekam schlecht Luft und musste stets ein Spray bei sich haben. Mir fehlten die Worte. Es war sehr viel passiert und nun sah ich Linda und Kevin nie wieder!

Sie wurden auf dem Friedhof in der Nähe von Jens begraben, sagte Georg.

Darauf hatte ich am Grab bei meinem Besuch nicht geachtet.

Georg sagte, er wäre mit Anna, die Schwester von Jens, oft in Stolzenau.

Ich schreib sofort meine Adresse auf und teilte Georg mit, dass ich mich über einen Besuch sehr freuen würde.

Wir verließen beide das Haus und gingen in die Garage, da mir Georg etwas zeigen wollte.

Schau mal, sagte er, und zeigte mir eine Tafel aus Stein mit einer Aufschrift.

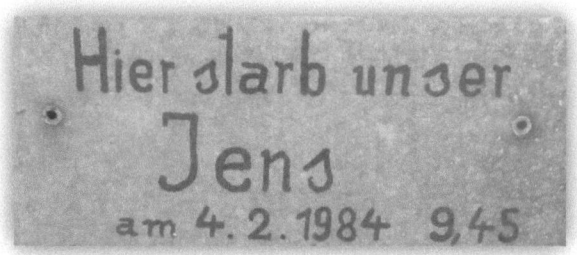

An der Unfallstelle stellte ich ein Kreuz auf und darauf befestigte ich diese Steintafel.

Mir wurde ganz komisch im Magen. Davon musste ich ein Foto machen.

Der Besuch am Grab, die Gedanken - als ich bei meiner Ankunft vor dem Haus die oberen 3 Fenster sah, die Begrüßung von Georg, die

Mitteilung des Todes von Linda und Klaus, und zuletzt die Steintafel. Es reichte.

Nach meinem Abschied von Georg fuhr ich aus dem Ort und meine Gedanken spielten mal wieder verrückt!

Eine schwere Zeit liegt hinter mir!

Leider gibt es oft Schicksale, die nicht leicht zu verkraften sind.

Es ist wichtig, sich nicht auf zu geben.

Ich erwachte aus dem langen Koma, lernte zu essen, gehen, schreiben, rechnen. Der liebe Gott hat mir eine zweite Chance gegeben.

Ich erlangte mein Selbstbewusstsein zurück.

Ich überstand schwierige Tage, an denen ich einen Arzt aufsuchen musste.

Machte während meiner Ausbildung meinen Führerschein und zog zu Hause aus. Das wollte ich erreichen und es sollte nicht um sonst gewesen sein.

Ich habe nach einem Stern gesucht und nach ihm gegriffen.

Ich begann mein zweites, mir geschenktes Leben.

Heute bin ich glücklich verheiratet, habe einen Sohn, der bereits flügge ist und seine Ausbildung mit Bravur bestanden hat. Bin selber seit Jahren wieder berufstätig und habe Hobbys.

Heute stehe ich inmitten meines zweiten Lebens! Und ich liebe es.